Ernst Woll

Allerlei Reimerei

Gedichte über dies und jenes

2014
Herstellung und Verlag: BoD - Books on Demand,
Norderstedt ISBN 9783735778864

Inhalt

Ein Altenheim muss stimmig sein

Die Kinder hielten es geheim,
die Oma sollte ins Altenheim,
sie aber hatt´ es mitbekommen
und war nun ganz benommen.
Heimlich fing sie an zu räumen,
wollte es keinesfalls versäumen
wenn sie den Startschuss gaben
Unentbehrliches parat zu haben.

Oma zum Ausflug eingeladen,
sie riecht jedoch sofort den Braten,
man wollte ihr wie einem Kind
zeigen, wie schön doch Heime sind.
Dennoch fährt sie mit auch willig,
denkt aber für sich: So billig
bekommt ihr mich nicht weg
und imitiert gleich einen Schreck.

„Wo bleibt im Heim die Freude?
Man sieht überall nur alte Leute,"
meint Oma, als man sie nun fragt,
ob ihr diese Umgebung wohl behagt:
„Jugend muss unbedingt hierher,
dann wehrt sich etwa keiner mehr
ins Heim abgeschoben zu werden,
als die letzte Station auf Erden.

Zeigt mir was, wo Jung und Alt
in einem gemeinsamen Aufenthalt
zusammen wohnen und leben,
sich einander Unterstützung geben.
Ich denk, so sagt Oma weiter nun,
müsste man etwas dagegen tun,
dass sich Generationen streiten
die einen die anderen beneiden."

Nun mussten die Kinder bekennen,
der Oma das Heim auch nennen,
das sie für sie schon ausgesucht
wo der Aufenthalt bereits gebucht.
Darüber das merkten sie jetzt,
war die Seniorin ganz entsetzt.
Heimaufenthalt nach freien Stücken
kann nur in Gemeinsamkeit glücken.

Zweifelhaftes gutes Benehmen

Freude beim Wiedersehen,
größere beim wieder Gehen;
das wäre wahrhafte Freude
sagen häufig kratzbürstige Leute.

Warum man sich wohl ziert,
sich sogar in Floskeln verliert
wenn Besuch zu lange bleibt
und das Gespräch zum Gähnen treibt?

Gefordertes anständiges Benehmen
unsere ehrliche Haltung aber oft lähmen,
das hab ich in den vergangen Jahren
an vielen Beispielen wohl erfahren.

Doch die meisten finden es verkehrt,
wenn man mit Etikette anders verfährt:
Seinem Gegenüber offen sagt,
dass dies und jenes nicht behagt.

Solche Menschen, die ich getroffen
können oft nicht auf Beifall hoffen,
sie machen sich zum Außenseiter
doch ihren Namen sagt man weiter.

Ich kannte einst ein älteres Ehepaar,
dem war es zuwider ganz und gar
sich mit Anstandregeln zu befassen,
von ihren Gewohnheiten abzulassen.

Waren ihnen die Gäste zu lange da
man ständig auf die Uhr dann sah.
Für Besucher war es alsdann nicht mehr nett,
sie ließen sie allein, gingen einfach zu Bett.

Im Dorf kannten alle die Marotten,
vom Ehegespann, welches war hart gesotten,
hat Gerichtsvollzieher vor die Tür gesetzt
und auf Briefträger den Hund gehetzt.

Und die Moral von der Geschicht´:
Ungeschminkte Offenheit bewährt sich nicht.

Die betrogene Glucke

Eine Henne glaubte sich im Glück:
Kehrt sie ins Hühnerparadies zurück?
Sie durfte selbst die Kücken ausbrüten
und vielleicht die Kleinen auch hüten?

Doch schon beim ersten Weidegang
wurde der Glucke angst und bang.
Was wollten ihre Schützlinge bloß,
wie angestochen rannten sie los.

Das Wasser im Weiher war ihr Ziel,
was dort geschah war dem Huhn zu viel.
Die Kücken stürzten ungehemmt,
frohgemut in das nasse Element.

Die Henne läuft am Ufer hin und her
lockt, gackert, flattert immer mehr.
Die Kücken, ihr zum Schutz befohlen,
ließen sich nicht aus dem Wasser holen.

Die Hühnermutter leidet große Qual,
das ist den Menschen aber ganz egal,
sie gucken zu mit großem Entzücken
wie sich ein Huhn plagt mit Entenkücken.

Dazu treibt sich herum am Weiher
ein großer sehr gefräßiger Reiher,
als dieser ihre Kücken bedroht
ist die Glucke in allergrößter Not.

Als Landtier muss sie am Ufer bleiben,
kann den Bösewicht nicht vertreiben,
muss zusehen wie es diesem gelingt
wie er ein wehrloses Entlein verschlingt.

Brautprüfung

Als vor vielen, vielen Jahren
Bauern noch richtige Bauern waren
arbeiteten sie nicht wie in der Industrie,
sie ernteten Getreide und betreuten Vieh.
Es gab viel Arbeit aber auch Idylle,
Geschichten, Rituale in Hülle und Fülle.

Werbung heute: „Bauer sucht Frau."
Ich weiß aber von früher noch sehr genau,
da wollten manche attraktive Mägdelein
gern von einem Bauern umworben sein.
Bauerneltern haben aber darauf gesehen:
Die Bräute mussten eine Prüfung bestehen.

Wenn die Auserwählte auch oft dachte,
wenn er sie erstmals mit nach Hause brachte
hätte der Bauernsohn schon fest gewählt
und dass sie nun bald auch zur Familie zählt;
doch das war damals keineswegs wie heute:
Es fehlte noch die Entscheidung der Bauersleute.

Offen oder auch heimlich, unauffällig
war manche Hausarbeit jetzt gerade fällig,
die der zu Besuch gekommenen mal eben
zur schnellen Erledigung wurde übergeben.
Geprüft wurde alles mit kritischen Blicken,
auch ob sie konnte zerrissene Kleidung flicken.

Bei ihrem Kochen, Backen sollte sich offenbaren
ob die Speisen, Brot, Kuchen schmackhaft waren.
Fußboden schrubben musste sie ohne sich zu zieren,
durfte bei keiner Arbeit die Geduld verlieren.
Beim Wäschewaschen musste es ihr gelingen
alles akkurat wieder in den Schrank zu bringen.

Bei allen Arbeiten hatte die Braut sich zu sputen,
man sah es nicht gern, wenn ihre Hände ruhten.
Hatte sie dann alles zur Zufriedenheit bestanden
Eltern und Großeltern nun großzügig befanden:
„Die kannst du heiraten, auch mit geringem
Heiratsgut,
ihr Einzug tut bestimmt unserer Wirtschaft gut.“

Das Friedhofsgespenst

Es ist nunmehr schon viele Jahre her
da hatten's Handwerksburschen schwer,
denn ohne genaue Landkarten galt's
sich zu recht zu finden auf der „Walz".

Sich auf Wegbeschreibungen verlassen,
Orientierungspunkte nicht verpassen,
das war oft schon sehr kompliziert:
Umwege waren vorprogrammiert.

Sein Weg zu Herberge war heute weit.
Die Nacht kam und im Nacken saß die Zeit.
Wege durch Friedhöfe er sonst mied,
zwangsläufig er sich aber nun dafür entschied.

Aus den Wolken kommt der Mond hervor,
da schreitet er beherzt durchs Friedhofstor.
Er flüstert: „Geister lasst mich in Ruh,
ich gelobe, dass ich euch auch nichts tu."

Da stellt sich Angst schon wieder ein,
was mag vor ihm die weiße Wolke sein?
Sofort erinnert er sich wieder daran:
Gespenster haben weiße Kittel an.

Mutig geht er auf die Erscheinung zu,
die entfernt sich aber weiter immerzu.
Sie treibt mit ihm ein böses Spiel,
ihn ins Grab zu locken scheint ihr Ziel.

Ein stärkerer Wind, der kommt jetzt auf,
nun nimmt das Ereignis seinen Lauf.
Er sieht wie der Geist größer, kleiner wird,
davon schwebt und ihn ganz verwirrt.

Er beginnt zu rennen, will Klarheit haben,
da stürzt er plötzlich in einen Graben.
Das Gespenst entfernt sich immer mehr;
er kommt wieder auf, spurtet hinterher.

Immer größer wird nun seine Pein
das kann doch nicht sein Lebensende sein?
Eine Mauer, das Gespenst wird gestoppt;
Er sieht: Seine Phantasie hat ihn gefoppt.

Vor ihm liegt ein weißes Stück Papier,
das fand sein weiterschwebendes Ende hier.
Vom Wind getrieben, Mond beschienen
war es ihm als Gespenst erschienen.

Eigenwillige Hauskatze

In unserem Dasein gibt es Sachen,
die uns froh und zufrieden machen.
Hauskatzen ergänzen unser Glück,
sie zahlen uns die Liebe zurück,
die wir vorbehaltlos im Leben
auch bereit sind, ihnen zu geben.

Aber Katzen zu fest an uns binden
lässt sie nicht die Freiheit finden,
die sie nach natürlichen Trieben
verlangen, benötigen und lieben.
Sind sie im engen Raum gefangen.
werden wir ihre Gunst kaum erlangen.

Wir müssen es ihnen gewähren,
dass sie sich katzengerecht ernähren;
dazu gehört auch das Mäusefangen
selbst wenn wir um die Mäuse bangen
die unsere „friedlichen" Hauskatzen
derb bearbeiten mit ihren Tatzen.

Für Wohnungskatzen gehört dazu
man lässt sie hin und wieder auch in Ruh.
Sie fühlen sich wohl in unserer Obhut:
Streicheln zwischen den Ohren tut ihnen gut.
Wir sollten ihnen auch nicht untersagen
nach allen Beweglichem zu jagen.

Verschwinden Herr und Knecht?

Wir erlebten in der DDR:
Angeblich verschwanden Knecht und Herr,
doch etwas Neues, das kam schnell daher,
ein neuer Typ, der Funktionär.

Es hieß, der Mensch sei frei,
seine Ausbeutung durch ihn selbst vorbei
und in der sozialistischen Sowjetunion
sei dieses verwirklicht schon.

In der mächtigen USA
man im Westen das große Vorbild sah,
so entwickelten sich 2 verschiedene Systeme,
die sich begegneten mit viel Häme.

Der Osten baute die Mauer,
hinter der lagen beide auf der Lauer,
bei den anderen massive Fehler zu entdecken
und die Menschen zu erschrecken.

Man sagte: Im Osten gäbe es jetzt
eine Gleichheit für alle, auch per Gesetz.
Mann, Frau, alle Werktätigen wären gleich;
das Leben der Menschen würde nun reich.

Durften wirklich alle auch gleich sein?
Die Bevölkerung spürte ein deutliches Nein.
Partei und Funktionäre bestimmten fortan:
Was man alles nicht mehr nun tun kann.

So stellte sich schnell heraus,
die Wirklichkeit sah deshalb ganz anders aus.
Mitbestimmungsrecht wurde eingeschränkt,
weil die Partei nun alles selber lenkt.

Warst du nicht Bauer, Arbeiter
oder Funktionär, „Sozialismuswegbereiter",
war für dich keine Gleichheit vorgesehen,
denn überall musstest du hinten anstehen.

Aber westliche Demokratie
verwirklicht höchst selten oder auch nie
für alle Menschen gerechte Chancengleichheit,
wenn man sich nicht von der Macht des Geldes
befreit.

Figuren aus Glas sind zerbrechlich

Für den Künstler, den Glasbläser,
taugt Glas nicht nur für Gläser.
Allein aus einer Glasröhre nur
zaubert er manch schöne Figur.

Seit unzähligen Jahren schon
hat Glasbläserei große Tradition,
ist heimisch in reicher Vielfalt
in vielen Orten des Thüringer Wald.

Märchenfiguren, alles aus Glas,
schön aber zerbrechlich ist das.
Für alle Kinder eine Augenweide,
fürs Spielen eine gefährliche Seite.

Der versierte Glasbläser kann´s:
Fuchs hält im Maul eine Gans,
ihm war die Märchenfigur geglückt,
sie zerbrach, das Kind war ungeschickt.

Aus war es mit dem Kinderglück,
die Figur, die war ein Einzelstück,
das vor fast 70 Jahren zersplitterte
damals ein Kinderherz erschütterte.

Fürs ehemalige Mädchen, heute Mutter,
kam wahrhaft alles wieder in Butter.
Sie konnte es kaum glauben aber sah
diese Figuren beim Glasbläser in Lauscha.

Ein Gespenst in der Küche?

„Opa sag´ schnell ganz ehrlich,
sind Geister auch sehr gefährlich?"
Fragt ängstlich der 7jährige Enkel,
flüchtet sich auf Opas Oberschenkel.

„Du musst es mir schon sagen,
was bedeuten dein Fragen?
Es ist bestimmt etwas geschehen,
hast du etwas Unheimliches gesehen?".

„Warum bekommst du alles raus",
erwidert nun der kleine Klaus,
zeigt zwei zerbrochene Tassen,
die sich nicht reparieren lassen.

„Ja, im Küchenschrank ganz oben
hat plötzlich alles sich verschoben,
die Tassen fielen alle nach unten,
zerschellt am Boden hab ich sie gefunden.

Gar Niemand war in der Küche,
dort gab´s auch eigenartige Gerüche.
Ich denke Teufel stinken immer so.
Es roch wie in einem dreckigen Klo.

Das waren teuflische Geister,
die wurden gefährlich, dreister.
Ich hörte katzenartiges Kreischen,
der Schrank schwankte ohne gleichen.

Schnell bin ich ausgerissen
und will von dir nun wissen,
können Geister solche Sachen,
ohne dass wir sie sehen, wirklich machen?"

Der Opa hat es nie genug bedacht,
wenn er dem Jungen Angst gemacht,
ihm oft Schauermärchen erzählte
und ihn damit vielleicht gar quälte.

Sagt: „Komm, wir gehen sofort
an diesen schlimmen Geisterort,
dort werden wir sehr schnell erfahren
ob im Raum gefährliche Geister waren."

Sie öffnen dir Tür nur einen Schlitz,
heraus saust die Katze wie ein Blitz.
Erleichtert sagt der Opa jetzt:
„Das war der Geist, der ist davon gehetzt."

Für die Hauskatze, die immer scheu,
war ein Türzuschlagen ganz neu.
Sie wollte neues Gebiet erkunden,
hat im Raum keinen Ausgang gefunden.

Begreifbar ihr panikartiges Verhalten,
den Kot kann sie auch nicht halten
aber die Küchenschranktür steht offen,
vielleicht kann sie auf ein Versteck hier hoffen?

Den Raum betritt das Kind in dem Moment
als das Tier im Schrank rum rennt.
Seine Reaktion ist voll zu verstehen:
Hier muss grad Gespenstiges geschehen!

Willst du Kindern was erzählen,
solltest du Vernünftiges auswählen,
denn die Wahrheit in der Geschicht´:
Gefährliche Geister gibt es nicht.

Wann sagt man „Sie“, wann „Du“?

Was das nur für schwere Regeln sind
meinte ich vor 75 Jahren als Kind:
Ich glaube ich begreife nie:
Wann sagt man „Du“, wann sagt man „Sie“?

Da hab ich´s doch gewagt
zum Lehrer einfach „du“ gesagt,
von ihm hörte ich sofort:
„Sie“ sei das richtige Wort.“

Dabei hatte er uns gelehrt,
es sei niemals verkehrt,
alles was wir gut kennen
auch einfach „du“ zu nennen.

Mein Opa aber oftmals betonte,
dass es sich auch durchaus lohnte,
Unbekanntes „sie“ zu nennen,
um den Abstand zu erkennen.

Überhaupt sagte er mir auch:
„Männer mit `nem dicken Bauch
haben die nötige gemütliche Ruh´,
zu diesen sagst du einfach „Du“.

Bei Chefs, Direktoren, Doktoren
und alle weiteren Honoratioren
erfuhr ich, es gehört sich nicht,
wenn man die mit „Du" anspricht.

Bei weiteren Regeln, die ich vernahm
es dann auch zu Schwierigkeiten kam.
Ein Spinner wurde ich sogar genannt
als ich für Freundinnen „Sie" schicklich fand.

Die Jugend hat es jetzt ganz unbeschwerlich,
sie sagen zueinander „du" ungeziert, ehrlich.
Bei Bewerbungsgesprächen vergiss aber nie:
Hier gehört sich nur das förmliche „Sie".

Frauenwiderstand

Beim Stammtisch in Männerrunden
haben sich oft auch Spötter befunden.
Gern wird da über Ehefrauen erzählt,
wie die eine lieb ist und die andere quält.

Eine Behauptung wird aufgestellt,
die allen auch sofort gut gefällt:
Zum Frauenknie tat einer kund,
wichtig sei´s ob dieses spitz oder rund.

Beim runden sei die Frau ein Engel,
von dieser höre man nie Gequengel.
Beim spitzen könnt´ man´s aber wagen
durchaus Teufel zum Weib zu sagen.

Ungestüm, mit viel Alkohol im Blut,
eilt einer heim, hat jetzt viel Mut,
ruft, kaum angekommen im Haus:
„Weib, zieh fix Rock und Strümpfe aus!"

Betrachtet ihre Knie mit Erstaunen.
Erschrocken kann er nur noch raunen:
„Du bist kein Engel, kein Teufel, oh graus,
deine Knie sehen nur ganz dreckig aus!"

Dies geschah vor vielen Jahren
als Frauen noch Hausbüttel waren,
die Ehefrauen waren oft nur Hausboten,
auf Knien schrubbten sie den Dielenboden.

Diese Frau setzte nun auf Widerstand
wobei sie auch treffende Worte fand:
„Was du am Bein siehst als Dreck
ist von der Arbeit ein blauer Fleck.

Wir Frauen haben uns verbündet,
das sei auch dir hier nun verkündet:
Mit totaler Unterwürfigkeit ist es aus,
auch wir Frauen werden Herr im Haus.“

Verdeckte Zeichen des Geschlechts

Vor 100 Jahren mussten Hosenschneider fragen:
„Pflegt der Herr ihn links oder rechts zu tragen?"
Damals schickte es sich nicht, es war nicht fein,
selbst unterm Stoff sollte er nicht zu ahnen sein.

Doch was, wer ist denn ihn und er?
Das ist wohl nun nicht mehr schwer,
es ist das bekannte männliche Glied,
das man in der Hose verborgen hier sieht.

Es galt, dies einst gründlich zu verstecken,
um nur die Damen ja nicht zu erschrecken!
Nichts zu verdecken braucht die Weiblichkeit,
sie trägt nun auch Hosen in der neuen Zeit.

Für sie ist Zeichen des Geschlechts
ein Busen gleichmäßig links und rechts
und viele Frauen sehr oft dazu neigen
ihn schön gekleidet stolz zu zeigen.

Zweifelhafte Quoten

Gegenwärtig ist es in der Politik so Mode,
man verlangt überall für alles eine Quote.
Frauen sollen „anteilig" vertreten sein
im Parlament, Vorstand und Verein.
Doch Frauen reagieren mit Entsetzen
will man dies bewirken mit Gesetzen.

Gesellschaftliche Bedingungen verlangen
zum Abbau des Männervorrechts zu gelangen,
die Rolle zwischen Mann und Frau zu klären
und ringsum Gleichberechtigung zu gewähren.
Allein Wissen, Fähigkeit, Talent bestimmt,
wer welchen Leitungsposten übernimmt.

Wo jedoch die übertriebene Quote hinführt
haben wir einst in der DDR gespürt.
In Wirtschaft, Gesellschaft und Staat
waren überall festgelegte Anteile parat:
Wichtig der Anteil von Arbeitern und Bauern.
Wie man diesen fand ließ uns oftmals erschauern.

So geschah es in einem Forschungskollektiv,
dass man alle diejenigen als Mitglieder berief,
die in irgendeiner Art als Arbeiter galten,
denn deren Anteil war mit 50 % einzuhalten.
Hohen Erfolgsprämienanteil erhielten allemal
auch Pförtner, Kraftfahrer und Hilfspersonal.

Für alle Ehrungen und Auszeichnungen
hat die SED sich immer ausbedungen,
Auszeichnungsvorschläge zu kontrollieren,
Arbeiter-, Frauenanteil usw. zu garantieren,
zu prüfen ob der oder die, die auszuwählen
auch wirklich zu den „Staatstreuen" zählen.

Für Studiumszulassungen gab es Quoten,
die stützten sich teils auf eigenartige Methoden.
Arbeiterkinder konnten bevorzugt studieren.
Weil sie nach Abschluss diesen Status verlieren
wurde ihren Kindern nun oft vieles erschwert
und trotz guter Noten der Studienplatz verwehrt.

Gedanken eines Rentners

Vor Jahren beantragte ich meine Rente,
dabei spürte ich eine entscheidende Wende,
es war anders als beim Berufseintritt;
es begann mein letzter Lebensabschnitt.

Schon nach dem bestandenen Abitur
mir 1950 ein großes Glück widerfuhr.
Ich konnte es damals kaum fassen:
Ich wurde sofort zum Studium zugelassen.

Dazu das von mir gewählte Studienfach,
alles war für mich unter Dach und Fach.
In der DDR studierte man dann diszipliniert,
sonst wurde man sehr schnell exmatrikuliert.

Um Arbeitsstellen brauchte man nicht bangen,
man konnte sofort in seinem Beruf anfangen;
ich übte ihn in verschiedenen Tätigkeitsfeldern aus,
erlebte Höhen und Tiefen, machte das Beste daraus.

1989/90 war dann die so genannte Wende.
Erfreulich: Mein Berufsleben war nicht zu Ende.
Neue Erkenntnisse, viele Möglichkeiten
fand ich in diesen Umbruchzeiten.

Doch 1994 war es schließlich so weit,
aus war es mit direkter Berufstätigkeit;
ich hatte aber bereits darüber nachgedacht
was man mit gewonnener Freizeit macht?

Ich übernahm ehrenamtliche Tätigkeiten,
die mir heute manche Zeitnot bereiten.
Daneben, ich will es nicht verschweigen:
Fing auch ich an Erlebnisse aufzuschreiben.

Ich bin beschäftigt, denke nur selten daran,
dass meine letzte Lebensetappe begann.

Mikroorganismen

Ein winzig kleines Bakterium
bringt Menschen und Tiere um;
das tut es jedoch niemals allein,
es müssen immer sehr viele sein.

Mikroorganismen sind nicht nur gefährlich
sondern fürs Leben oft auch unentbehrlich,
sie können folglich gut oder böse handeln
und ihre Eigenschaften mannigfach wandeln.

Hier zeigt sich wiederum in der Natur:
Alle Wesen in ihrer vielfältigen Struktur
können Leben austilgen oder erhalten,
sich feindlich oder auch friedlich verhalten.

Für die Gesellschaft wäre daraus abzuleiten,
für vernünftige Politik gilt in allen Zeiten:
Alle Bemühungen immer darauf zu richten
Leben zu erhalten, nicht zu vernichten!

Durchsichtiges Privatleben

"Hab´ ich bisher alles richtig gemacht?"
Darüber habe ich mehrfach nachgedacht,
auch ob man heut´ unbeschwert leben kann,
nicht mehr fürchten muss sein Nebenan,
weil man in der DDR sehr selten erkannt´
ob etwa gerade ein IM neben einem stand.

Mit der Person, dem Spitzel, ist es jetzt aus.
Informationen bekommt man anders raus.
Du brauchst nur Handy usw. einzuschalten
und du wirst für eine Auskunftsquelle gehalten.
Dein künftiges Tun wird man sich nun merken,
du könntest ja bereits irgendwas verbergen.

Bei dieser Entwicklung wird mir bange,
denn vielleicht dauert es nicht mehr lange
dann hat man auf dieser vernetzten Welt
von jedem ein umfassendes Profil erstellt.
Mit dem Privatleben ist es dann vorbei,
alles von dir ist gespeichert in einer Datei.

Trotzdem hoffe ich: Irgendwann, irgendwie
entwickelt sich eine bessere Demokratie,
in der die wirkliche Mehrheit bestimmt,
man nicht Rücksicht auf Lobbyisten nimmt,
wo jeder mithilft ohne Angst und Schrecken
das Unlautere der Mächtigen aufzudecken.

SED Funktionäre und das Volk

Auch in sozialistischen Staaten
wurde zu Empfängen geladen.
In noblen großen Karossen
fuhren vor die leitenden Genossen.

Vertreter der Arbeiterklasse,
die bildet ja des Volkes Masse,
dürfen dabei keinesfalls fehlen,
weil sie zur führenden Klasse zählen.

Ich erinnere mich noch sehr gut:
als man mich 1979 auch einmal lud
versuchte ich vorzufahren mit Trabant,
was man keinesfalls ranggemäß fand.

Ich wurde vom Parkplatz verwiesen
auf den Polizisten nur Funktionäre ließen;
im Sozialismus erklärte man mir soeben
muss es auch Rangunterschiede geben.

Ob dies im 30. DDR Jubiläumsjahr
jedoch nur eine Ausnahme war?
Nein, auch später musste ich erleben,
einige Funktionäre begannen sich abzuheben.

Vorschulzeit früher und heute

Es war vor über 80 Jahren
als Kindergärten selten waren,
da hatten besonders Kinder auf dem Land
zum Schulanfang geringen Wissensstand.

Deutlich sagte damals mein alter Großvater:
„Macht ums Vorschullernen kein Theater,
wenn Kinder schon klug in die Schule kommen
wird den Lehrern ihre Arbeit weggenommen."

Vieles hat sich seitdem gründlich gewandelt,
man glaubt, dass man heute richtig handelt,
wenn Eltern von ihren 3-Jährigen verlangen
mit Fremdspracheunterricht anzufangen.

Man meint im Spiel wäre das Lernen leicht.
Ich sage zu den neuen Methoden „vielleicht",
wäre es auch richtig manchmal daran zu denken:
Den Heranwachsenden mehr Freizeit zu schenken?

Psychologen, Experten müssen entscheiden
ob Kinder unter gestiegenem Leistungsdruck leiden,
ich empfand vor 80 Jahren meine Kindheit
als eine sehr schöne, freie, zwangslose Zeit.

Ist Rente eine echte Altersvorsorge?

Wenn unsere Kinder die Rente erreichen
sei es aus mit den „alten Reichen",
die würde es heute in Massen geben,
doch da liegen die Statistiker daneben.

Kein Beweis ist die hohe Durchschnittsrente,
weil sonst auch jeder sein Auskommen fände.
Viele Alte müssen zum Sozialamt gehen
oder sich noch nach einer Arbeit umsehen.

Freilich sind Alte auch lieber daheim
als abgeschoben im Alten- oder Pflegeheim.
Dazu: Ein gutes Heim können sich die meisten
auch mit der heutigen Rente nur selten leisten.

Man kann darüber nur lauthals lachen,
wenn Politiker die Rechnung aufmachen:
Alle sollten an private Altersvorsorge denken,
man könne dann das staatliche Rentenniveau senken.

Der Begriff „alle" klingt dabei wie ein Hohn
für allesamt die mit heute niedrigem Lohn.
Ja, derzeit geht´s vermutlich vielen Rentnern gut
gegenüber der vorprogrammierten Altersarmut.

Es ist deshalb in der BRD allerhöchste Zeit,
dass man zu einer Rentenreform bereit,
die, wie derzeit im gesamten Finanzbereich
Unterschiede verringert zwischen arm und reich.

Nachlassende Kraft im Alter

Alte Menschen betrübt es oft gar sehr,
schnelles Handeln funktioniert nicht mehr.
Man spürt, Junge werden dann ungeduldig
und du fühlst dich oftmals sogar schuldig.
Dir ist es aber leid, immer wieder zu erklären,
dass schwindende Kräfte schuld daran wären.
Im Alter, das müssten jedoch alle akzeptieren,
Körper und Geist an Leistung verlieren.
Mit „Ersatzteilen" ist aber heute zu erreichen,
viele Unzulänglichkeiten auszugleichen.

Um mich ist häufig eine große Stille.
Lesen fällt schwer, selbst mit der Brille.
Bei HANO und Augenarzt erfahre ich dann,
dass ich schlechter hören und sehen kann.
Riechen, schmecken und tasten waren
auch besser in meinen jungen Jahren.
Weil ich jetzt auch oft langsamer denk
sind meine Bewegungen meist ungelenk.
Ja, im Alter können wir mit unseren 5 Sinnen
bekanntlich keine Rekorde mehr gewinnen.

Mit dem 6. Sinn angeblich mancher entdeckt,
was hinter unsichtbaren Geheimnissen steckt.
Wer diese besonderen Fähigkeiten aufweist,
Hellseher und vielleicht Hexenmeister heißt.
Ich selbst führe aber ein normales Leben,
denn mir sind diese Kräfte nicht gegeben.
Obwohl, das sage ich auch ganz ehrlich
ist für mich Aberglaube nicht entbehrlich.
Ich bin jedoch einigermaßen gesund und glücklich,
denn mit Gesundheitshilfen ist das Leben noch
erquicklich.

Arme und Reiche und das Essen

Spüren unser Magen und Darm
ob ein Mensch reich oder arm?
Vieles ist zu diesem Thema zu sagen
und die Ursachen sind zu hinterfragen.
Als erstes ist dabei zu differenzieren
das Verhalten von Menschen und Tieren,
deren Instinkte regeln vernünftiges Fressen,
aber Reiche und Arme oft unbesonnen essen.

Wie steht es mit Qualität und Menge?
Das treibt die Armen schon in die Enge.
Für sie steht das Sattessen an erster Stelle,
für Reiche ist Essen aber oft nur „Genussesquelle".
Wer ist arm? Das ist auch schnell zu erklären:
Alle die hungern oder sich nur dürftig ernähren.
Magen und Darm dann oft fühlbar rebellieren,
weil sie die Armut ihrer Besitzer auch spüren.

Wer ist reich? Das ist schwerer zu erklären,
weil die aller meisten sich dagegen wehren
über Vermögen und Reichtum offen zu sprechen
sonst müssten sie eventuell mehr Steuern blechen.
Nur eines ist in der Gesellschaft nicht zu vergessen,
sparen müssen diese Leute niemals am Essen.
Wegen Mangel werden deren Mägen nicht rumoren
sondern dann, wenn sie sich Abnormes auserkoren.

Mit diesen wenigen Beispielen sei es genug.
Man sieht, unser Inneres ist oft unbewusst klug,
denn auch Magen und Darm lassen erkennen:
Ist ein Mensch arm oder auch reich zu nennen.

43